# 60

Minuten

# CORONA

Gedichte

geschrieben und illustriert von

Ursula Eisenberg

Ursula Eisenberg wurde 1945 im mecklenburgischen Spornitz als viertes von sieben Kindern geboren. Die Schulzeit verbrachte sie in Kassel, bevor sie 1965 nach Berlin ging, wo sie Schulmusik und Germanistik studierte und die Achtundsechziger-Bewegung hautnah miterlebte. Nach ersten Praxisjahren an Berliner Schulen lehrte sie von 1975 bis 2010 an der Fachschule für Erzieherinnen und Erzieher. Die Mutter einer erwachsenen Tochter kann bereits auf verschiedene belletristische Veröffentlichungen verweisen, unter anderem auf *Tochter eines Richters*, Roman (erschienen im Fischer Taschenbuch Verlag, 1992), *Mauerpfeiffer*, Roman (erschienen im Fischer Taschenbuch Verlag, 1996), *Und wo bleib ich? – Als Mutter die Identität wahren*, Erfahrungsbuch (Erstausgabe erschienen im Rowohlt Taschenbuchverlag, 1986) und *Wo Menschen wohnen*, Lyrikband (erschienen in der Edition AVRA, 2020). Seit ihrer Pensionierung widmet sie sich verstärkt dem Schreiben und pendelt zwischen Berlin und dem Wendland. Die Eindrücke, die sie im vorliegenden Buch verarbeitet, beziehen sich sowohl auf das menschenleere wandländische Dorf als auch auf die überfüllte Großstadt Berlin.

Bibliografische Information der Deutschen Nationalbibliothek
Detaillierte bibliografische Daten sind im Internet über
http://dnb.d-nb.de abrufbar.

Rheinstraße 46, 12161 Berlin
Telefon: 0 30 / 76 69 99-0
www.frieling.de
ISBN (Print): 978-3-8280-3575-1
1. Auflage 2020
Umschlaggestaltung: Edina Agovic
Bildquelle: Ursula Eisenberg

Printed in Germany

## VOM VIRUS

Ein Virus, winzig klein, / das kehrt in China ein,
es ist von einem Ferkeljungen
zu dessen Schlachter vorgedrungen,
hat diesen umgebracht / und große Macht:
Es hat die Menschheit aufgeregt,
hat Züge, Flieger stillgelegt,
hat Ländergrenzen überflogen,
zugleich die Grenzen zugezogen,
manch Isolierstation gefüllt,
Gesichter, Nase, Mund verhüllt
und schafft es doch, im Nahen, Weiten
sich täglich weiter auszubreiten,
denkt nicht daran, sich zu entfernen.
Was sollten wir vom Virus lernen?
Auch Unsichtbares kann sich zeigen.
Da bleibt uns nur, uns zu verneigen,
uns vor dem Virus vorzubeugen.

## ANSTECKEN

Wer hat die Feuer angesteckt?
Australien brennt. / Die Menschheit rennt
in Panik und sehr aufgeregt,
hat sie doch sich / und mich / und Dich
fast von allein / jetzt obendrein
noch selber angesteckt.
Um sich nicht weiter zu entzünden,
hilft nur, sich gründlich zu verbinden:
Haut, Arme, Hände und / vor allem: Nase, Mund
zum lebenden Paket, / das auf zwei Beinen geht.
Es wird, weil es so klinisch rein, / ein noch nicht angestecktes sein,
derweil die andern, eher nackt, / von hinterrücks das Virus packt.
Sie müssen, was ich hier erwähne, / für lange Zeit in Quarantäne,
dort stündlich, täglich Fieber messen.
Die Vollverpackten unterdessen / sorgen für klinisch reines Essen.
Dazu gibt's noch die Smartphonebilder.
Auf manchen brennt es immer wilder,
und wer vernünftig ist, sieht ein: / Es könnte alles schlimmer sein.

## KINDHEITSTRAUM

Wer hat mir sowas bloß erzählt, / was mich beschäftigt und gequält?
„'ne Frau, die zwanzig Kinder kricht, / die gab es schon – du glaubst es nicht!“
Schon morste mein Kleinmädchenbauch:
„Das will ich auch!
Zwanzig Kinder – fast 'ne Klasse, / selbstgemachte Menschenmasse,
nur von mir zur Welt gebracht – / welche Macht!“
Zur Benennung meiner Samen, / sammelte ich schon mal Namen,
sollten nicht gewöhnlich – nein! –, / eher einzigartig sein:
Fremde Wörter, losgelassen, / kriegte ich sofort zu fassen,
etwa wie: „Drosofila“ / für die erste Tochter. Ja!
Meine nächste Tochter, diese / nenne ich dann „Hüdro-Liese“,
„Lupus“ heißt mein dritter Sohn / und mein elfter „Biatlon“.
Zwillinge in der Familie / heißen etwa „Peter“, „Silie“.
Ja, so hatte ich's gedacht, / doch was wurde draus gemacht?
Meine zwanzig Kinder sind / eingeschrumpft zum Einzelkind
und das heißt in diesem Falle / „Katharina“ – wie fast alle …
Immer wieder mal aufs Neue / packt mich eine Art von Reue:
Viel zu spät, es ihr zu gönnen / und sie jetzt noch umzunennen.
Hätte ich sie „Corona“ genannt, / wäre sie heute weltbekannt …

## BERÜHRUNGEN

… treffen sich zwei Ellenbogen,
zart und freundlich – ungelogen.
Früher war dies mal Gewalt,
jetzt ist es Begrüßung halt,
die Berührung zweier Hände
ist ja neuerdings zu Ende,
weil, wer so etwas riskiert,
sich womöglich infiziert.

## DER KNALL

… und plötzlich ein Pistolenschuss
im U-Bahn-Wagen heute,
und alles duckt
sich, alles zuckt,
denn Panik packt die Leute.
Was dies wohl zu bedeuten hat –
ob wieder mal ein Attentat
mit vielen Folgeschüssen,
die sie verhindern müssen?
Nur eine bleibt ganz ruhig hier
in dem speziellen Fall:
Mein Klappsitz bei der Schiebetür
verursachte den Knall,
und nach dem einen kurzen Krach
wächst in mir ein Gefühl der Macht.
(Es gibt auch noch mehr, was ich kann:
Ich huste alle an …)

## UNTERWEGS

Wer hätte gedacht vom Jahre zwozwanzig,
etwas endet. Die Menschheit wird ranzig,
deutlich zu merken an jenem und diesen
Zeichen – etwa: das Niesen.
U-Bahn. Da juckt es wen in der Nase.
Ich wäre gerne in einer Blase,
undurchdringlich und klinisch rein –
dann könnten andere sicher sein.
Doch solche Blasen gibt es nicht.
Drohend verzerrt sich ein Menschengesicht,
und alle anderen, die in der Bahn,
starren die Luftsaugefratze an,
denn aus Erfahrung wissen sie schon:
Gleich erfolgt eine Explosion,
wagenfüllend gewaltiges Niesen.
Sprüht da Corona? Wer kann das wissen?
Kann der uns nicht mit der Armbeuge schützen?
… ist nun zu spät, um danach zu fragen.
Mancher möchte den Nieser erschlagen.
Doch auch hier fragt sich: Wem soll das nützen?

## GENERATIONEN

Da ist der Opa, ganz benommen,
er möchte irgendwem entkommen,
setzt Fuß nach Fuß und atmet schwer –
doch die Korona kommt hinterher:
drei Kinder und
ein Hund,
im Ganzen vierzehn Enkel.
Sie geh'n ihm auf den Senkel,
denn alle sind gesund.
Sie tragen siebzehn Flammen
zu dem, von dem sie stammen.
Was wollen sie damit bezwecken –
am Ende: Opa anzustecken?
Wird Zeit, dass es mal jemand schreibt:
Der Opa geht, Corona bleibt.

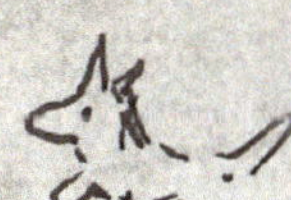

## FONFEKTION

Dreiviertelstunde Telefon.
Doch hinterher – ich spüre schon,
wie etwas sich im Körper zeigt:
Es köchelt Schleim. Das Fieber steigt …
…das war dieser Corona-Hacker.
Es gibt ja heute solche Macker,
die – um das Leben aufzuhalten –
sich in die Ferngespräche schalten,
um dort – ist ihre Art zu streiten –
das Virus weiter auszubreiten.
Wie schafft das dieser/jener Mann?
Egal! Es reicht doch, dass er's kann!
(Im Übrigen, ich weiß genau:
Das war ganz sicher keine Frau.)

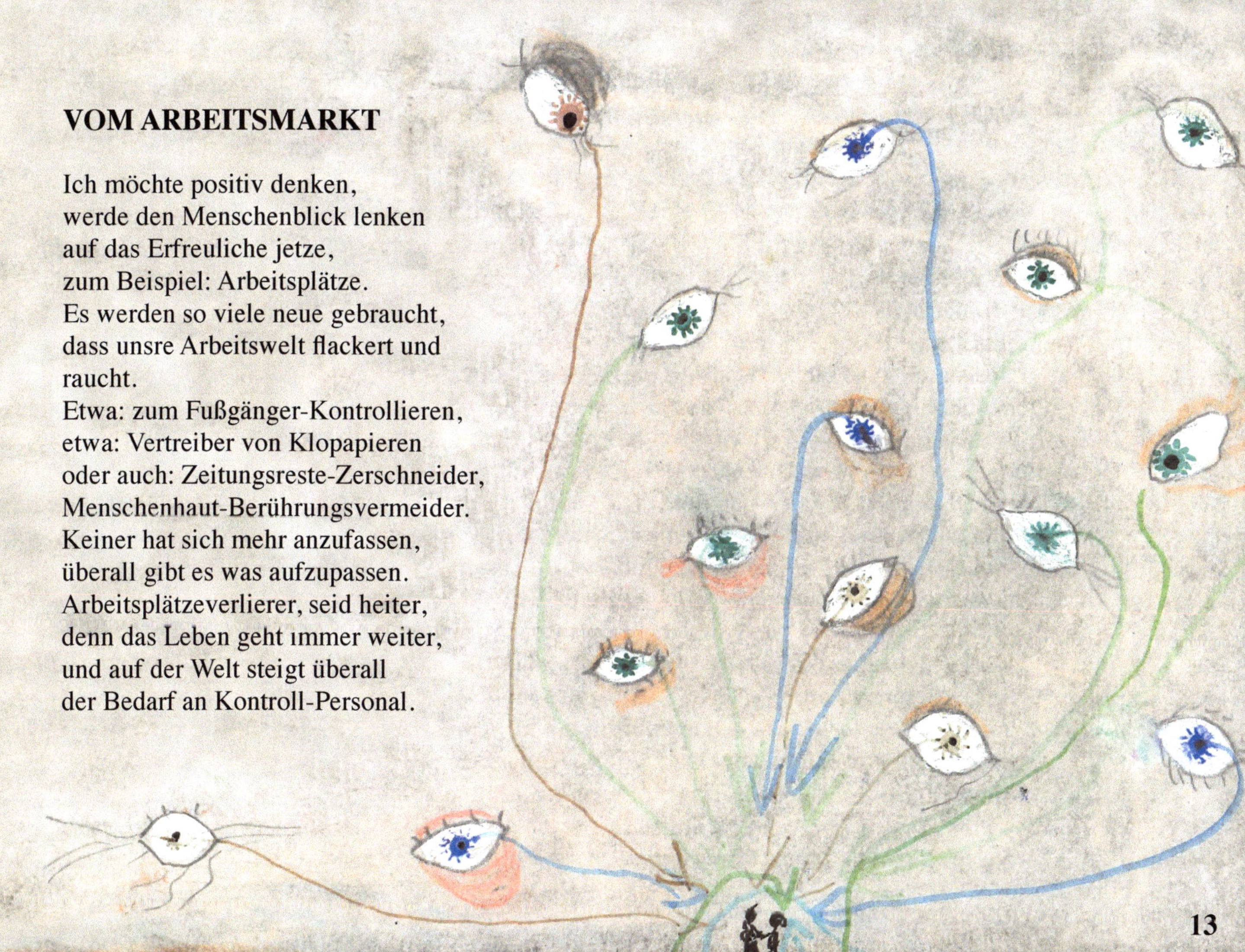

## VOM ARBEITSMARKT

Ich möchte positiv denken,
werde den Menschenblick lenken
auf das Erfreuliche jetze,
zum Beispiel: Arbeitsplätze.
Es werden so viele neue gebraucht,
dass unsre Arbeitswelt flackert und
raucht.
Etwa: zum Fußgänger-Kontrollieren,
etwa: Vertreiber von Klopapieren
oder auch: Zeitungsreste-Zerschneider,
Menschenhaut-Berührungsvermeider.
Keiner hat sich mehr anzufassen,
überall gibt es was aufzupassen.
Arbeitsplätzeverlierer, seid heiter,
denn das Leben geht immer weiter,
und auf der Welt steigt überall
der Bedarf an Kontroll-Personal.

## FREIE WAHL

Es ist schon gut,
was sich eben so tut:
Warum in Vereinen vereint sein?
Es könnte dort jeder mein Feind sein,
mir irgendwie schaden
mit Atemluftschwaden,
Gedanken im Kopf – ganz andre als ich –
und jeder ein Stich:
„So seh ich das nich …"
Dieses „Du weißt genau, was ich meine …"
und diese Angst, irgendwas zu berühren,
ich kann sie kilometerweit spüren.
… bleibe ich freiwillig gerne alleine …

## VOM SINGEN UND BETEN

Chorsingen verboten!
Allein die Noten
wurden schon viel zu häufig berührt.
Auch alle Stühle sind infiziert,
aber – viel schlimmer:
Wann immer
gesungen,
strapaziert das die Mitsängerlungen
bis hinein in die untersten Spitzen,
wo ja – wie überall – Keime sitzen.
Notgedrungen atmen wir ein –
kann für den Nachbarn noch harmlos sein,
aber zum Singen atmen wir aus!
Welch eine Mischung, was für ein Graus!
Nun ist die Hilfe des Höchsten vonnöten,
da hilft nur stilles, einsames Beten.

## HUSTEN

April, April!
Das ist es, was ich will:
Nichts weiter als
ein bisschen Klarheit.
Noch
steckt doch
dieses Körnchen Wahrheit
im falschen Hals …

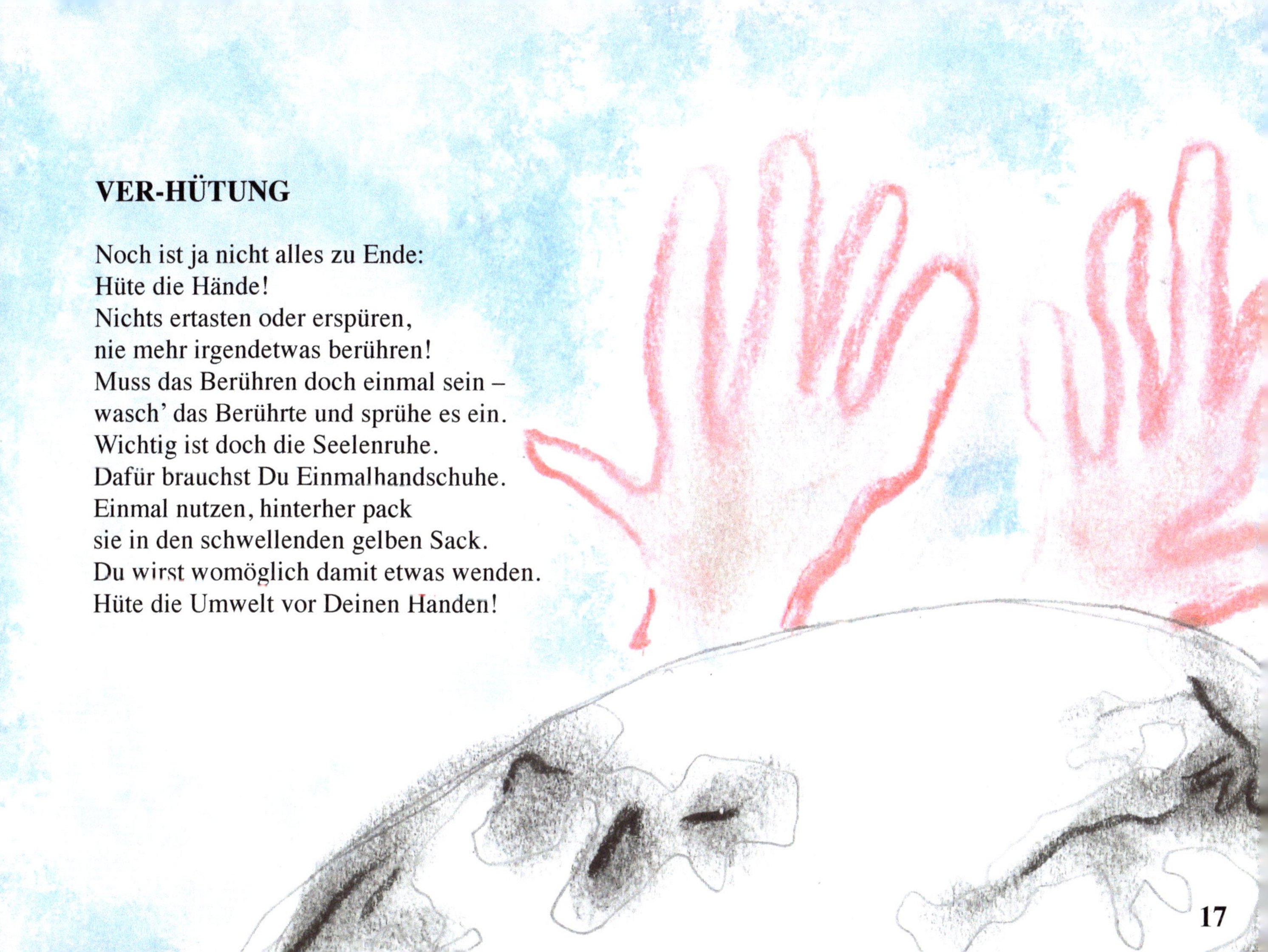

## VER-HÜTUNG

Noch ist ja nicht alles zu Ende:
Hüte die Hände!
Nichts ertasten oder erspüren,
nie mehr irgendetwas berühren!
Muss das Berühren doch einmal sein –
wasch' das Berührte und sprühe es ein.
Wichtig ist doch die Seelenruhe.
Dafür brauchst Du Einmalhandschuhe.
Einmal nutzen, hinterher pack
sie in den schwellenden gelben Sack.
Du wirst womöglich damit etwas wenden.
Hüte die Umwelt vor Deinen Händen!

## EIN FUND

Sie hat einen Mundschutz gefunden,
so weiß, so rein, so perfekt.
Was für eine glückliche Stunde!
Er war in der U-Bahn versteckt.
Sie bindet das Ding sich vor den Mund,
sieht nicht mehr wie sie aus, mehr wie ein Hund,
jedoch sie zeigt deutlich: Sie geht mit der Zeit,
ist Vorbild für alle weit und breit.
Nur selten, zum Trinken und Kauen,
schiebt sie den Mundschutz zur Seite.
Dass viele nun auf sie schauen,
macht ihr so große Freude
wie das Sich-selber-Verstecken
hinter der Weiß-heit, so rein.
Sie atmet ohne Erschrecken
den Virencocktail tief ein.

## ENT-DECKT

Ich geh den Waldweg Richtung Osten,
seh in der Ferne einen Pfosten.
Ich werde langsam, denke: „Na,
der war doch gestern noch nicht da?
Ist dies ein Pfosten oder nicht?
Hat der nicht oben ein Gesicht?“
… bis die Erkenntnis mich durchdringt:
„Dies ist ein Mensch. Wie stolz das klingt!“
… steht dort bewegungslos und starrt,
ob der womöglich auf mich wart-
et – damit sich alles wendet
und die Coronakrise endet?
Doch
noch
erkenn ich nicht genau,
ob es ein Mann ist, eine Frau?
… und sage mir sofort: egal!
Ein Mensch ist es auf jeden Fall
und wird – wie ich – sehr viel vermissen.
Wir könnten uns doch einfach küssen …

## VON SCHLANGEN

Hier und da – eine Schlange,
doch was diese betrifft:
ganz ohne jegliches Gift.
Sie wird Gift sogar meiden,
ist sehr vorsichtig, bange
vor einem möglichen Leiden,
lange
ohne Bewegung.
Dann
eine winzige Regung,
irgendwann
wird sie länger,
und zur gleichen Zeit enger.
Solche Schlangen schlängeln nicht nur
vor Geschäften. Auch vor „Kultur".
Unübersehbarer Schlangen-Steh
findet sich vor manchem WC.
Lange, lange
geduldiges Warten.
Niemand wagt es, einfach zu starten.
Ich strebe an der Schlange
vorbei:
„Hallo! Drei
Toiletten sind frei!"

## OBEN AUF

Sie kommen nun gewaltig weiter.
Ich nenne sie: Corona-Reiter,
die endlich alle Grenzen schließen,
im Zweifelsfalle gerne schießen,
die jedes Widerwort verbieten,
um Widerstände zu verhüten,
die andre Menschen denunzieren,
die ganze Welt desinfizieren.

Sie triumphieren, traben, heulen
auf den Corona-Rasse-Gäulen.

## NACH-FRAGE

Nachrichten, Medien warnen, schreiben:
Alle sollen zuhause bleiben.
Manche ahnen, was sie längst vermisst:
nicht zu wissen, wo „zuhause“ ist.

## VER-SICHERUNG

Mein Cello und ich,
wir lieben es dicht.
In unsere Enge
kann niemand sich drängen.
Wir tauschen die Viren
beim Bogenführen,
wir ignorieren
Corona-Gewimmer,
krächzen
und ächzen
wie immer,
spüren
und rühren
uns, kommen ganz nah,
wir bleiben füreinander da.

## VER-WITZT

Auch sowas kommt vor:
Es stirbt der Humor.
Ich will’s nicht verhehlen,
Radiosprecher befehlen:
Wir soll’n „auf Geschichten
verzichten.“
Stattdessen zermahlen
sie Hirne mit Zahlen.
Dies passt ohne Frage
zum Ernst der Lage.
Denn oft sind ja Witze
so zündend wie Blitze.
Gemeinsames Lachen
kann Böses entfachen.
Ein Ausstoß von Luft –
und: ab in die Gruft!

## MORGENS

Da ist er wieder, ungefragt,
hell und gleißend: der neue Tag.
Ungefilterter Sonnenschein.
Es könnte gerne wolkiger sein.
Immerhin – wir sind nicht allein:
Um den Frühstückstisch taumelt ’ne Fliege,
die ich ganz bestimmt nicht kriege,
Boff, der Hund aus dem Nachbarhaus,
kackt sich in unserem Garten aus,
und die Radionachrichten prahlen
mit den neusten Corona-Zahlen.
Alles in allem lässt sich sagen:
Es gibt wenig Gründe zu klagen.
Wir sind ja schon vieles gewöhnt.
Nur die Kaffeemaschine stöhnt …

## OSTER-ANSCHLAG

Großer Anschlag am Feuerwehrhaus:
Heuer
fällt Osterfeuer
aus.
Osterfeuer war stets zu gebrauchen
als erster Anlass zum Saufen und Rauchen.
Wie sollen Kiddies nun auf Erden
ohne dies jemals erwachsen werden?

## AUFRUF

Gönnen wir uns ein fröhliches Pfeifen,
lasst uns die Schönheit der Krise begreifen:
Die Luft ist sauber, die Straßen sind still,
was doch so mancher der Menschen will.
Heimelig werden die heimischen Wände,
vielfältiger Gebrauch unsrer Hände,
und in den Köpfen flackert ein Licht:
„Das konnte ich doch gestern noch nicht!“
„NICHTS“ gibt dem Leben eine Balance –
nehmen wir Defizite als Chance!

## BEIGELEGT

Niemand von uns ist nackt,
alle sind eingepackt,
und – zur Beantwortung jeglicher Frage –
wird die Umwelt zur Packungsbeilage:
Unübersichtlich zusammengefaltet,
kleingedruckt in verschiedenen Sprachen
gibt sie Anweisung, was wie zu machen,
warnt vor dem, was längst schon veraltet,
und so moderne Menschen vergiftet,
will, dass niemand beiseitedriftet,
folgt in alle möglichen Räume.
So bleibt niemals jemand allein.
   Sie gibt Sicherheit, sehe ich ein,
auch für unsere nächtlichen Träume.
Unvorstellbar wäre, ich hätt'
keine Packungsbeilage im Bett …

## GESUNDHEIT!

„Gesundheit!“
heißt heute:
„Hau bloß ab!
Verzieh dich weiter,
am besten im Trab
hinter die nächste trennende Wand,
mindestens aber zum Mindestabstand.
Husten, niesen, Leute anstecken,
damit alle wie du verrecken –
sowas machst du bitte alleine.
Mit Gesundheit! meine ich meine.“

## GESCHENK-BEDENKEN

Als treue Kirchensänger haben
wir immer noch die Weihnachtsgaben
mit: „Vielen Dank, Ihr Kirchenchor."
Nun kommt sie mir verdächtig vor.
Es ist – wenn ich's verraten darf –
ein dickes weißes Seifenschaf,
und wer beim Waschen es berührt,
riskiert,
dass er sich infiziert.
Da sind doch sicher Keime dran!
Und dann?

Nun gibt es heutzutage Seifen,
die muss beim Waschen niemand greifen.
Du brauchst nur irgendwo zu pressen
(desinfizieren nicht vergessen),
schon quillt Dir etwas auf die Haut,
das garantiert nicht keimversaut.

Ich – allerdings –, ich hab beschlossen,
das Schaf zu nutzen, unverdrossen.
Und werd ich krank – in Gottes Namen –,
dann ist das seine Sache. Amen.

## AKTUELLE BILANZ

Nun frage Du!
Im Fall des Falles
gebe ich zu:
Ich habe alles.
Wärme, Luft, elektrisches Licht,
einen Fernsehansager, der spricht,
nicht zu vergessen:
Essen
und Trinken,
kann in die Badewanne sinken,
kann Gymnastik und Yoga machen,
wenn ich möchte, kann ich auch lachen …
Jetzt aber springt mich die Frage an:
Gibt es auch etwas, das ich nicht kann?
Gibt es. Das muss ich ehrlich sagen:
Ich kann nicht klagen,
was mich schon längst gewaltig stört –
weil ja niemand mein Klagen hört …

## ZEIT UND RAUM

Ach – Coron…
Bäume blühen wie zum Hohn,
und ihre Pracht veraltet
durch Schnee aus Blütenblättern schon.
Jeder Raum wird streng verwaltet
durch Abstand, ausgestreckte Hände,
durch starre und mobile Wände,
derweil die Zeit zu Brei zerfließt,
was mancher Mensch durchaus genießt.
Zeit und Raum, wenn sie verbunden,
sind nun oft im Nichts verschwunden,
und für viele auf der Welt
gilt: kein Zeiten-Takt, kein Geld.
So macht sich rings um uns die Frage breit:
Wo ist das Ufer der zerflossnen Zeit?

## RANDundBAND

Außer Rand kommt nicht infrage,
grade auch an Frühlingstagen.
Wenn es sonnig ist und hell,
kollidieren Ränder schnell.
Werden Rändergrenzen strenger,
ziehen sich die Bänder enger
in Familien. Sie erscheinen
wie sehr kurze Hundeleinen,
und sie zwingen zu beachten:
Fremder Rand beim Übernachten
kann durch einfaches Berühren
schon zum Infizieren
führen.

RandundBand in diesen Zeiten
bleiben Unentbehrlichkeiten,
die dem Einzelmenschen nützen,
ihn vor andern Menschen schützen.

Wo der Rand für jeden ist,
frag den nächsten Polizist …

## WAHRER SIEGER

Ich nehme an, Corona wird nicht siegen.
Da liegt was andres auf den Menschenzügen,
gerecht verteilt bei Jungen und bei Alten,
bei Infizierten und bei noch Gesunden
und neuerdings sogar bei manchen Hunden.
Es geht dabei um ganz spezielle Falten,
die – wenn auch oft mit Sorgfalt überschminkt,
dem einen/andern Piercing überblinkt –
sich nach und nach auf den Gesichtern zeigen,
sich in der Regel steil nach unten neigen.
Wie Kerben legen sie sich aufs Gesicht,
doch hinterm Mundschutz sehen wir sie nicht …
und ich behaupte, wiederhole nun:
Sie haben mit Corona nichts zu tun.
Sie sind – verrate ich in dieser Zeile –
die Zeichen von dem Sieg der Langeweile.

## AM FENSTER

Seit sieben Tagen: Sonnenschein und trocken,
und ich soll immerfort zuhause hocken?
Ich seh vom dritten Stockwerk alle andern,
die unbekümmert bummeln, gehen, wandern
in hellen Scharen, ohne sich zu schämen,
dass sie – zum Beispiel mir – den Platz
wegnehmen.
Hauptsache die! Die wollen sich entfalten.
Wie war das noch mit diesem Abstandhalten?
… ist denen offensichtlich ganz egal,
dass sie sich selber, andre infizieren.
Das sind doch Egoisten allemal!
Ich werd die Ordnungsdienste informieren,
dann sehe ich mir still von oben an,
was so ein Ordnungsdiener alles kann.
Im Übrigen: Ab morgen gibt es Regen,
dann geh ich raus. Ich werde mich bewegen.

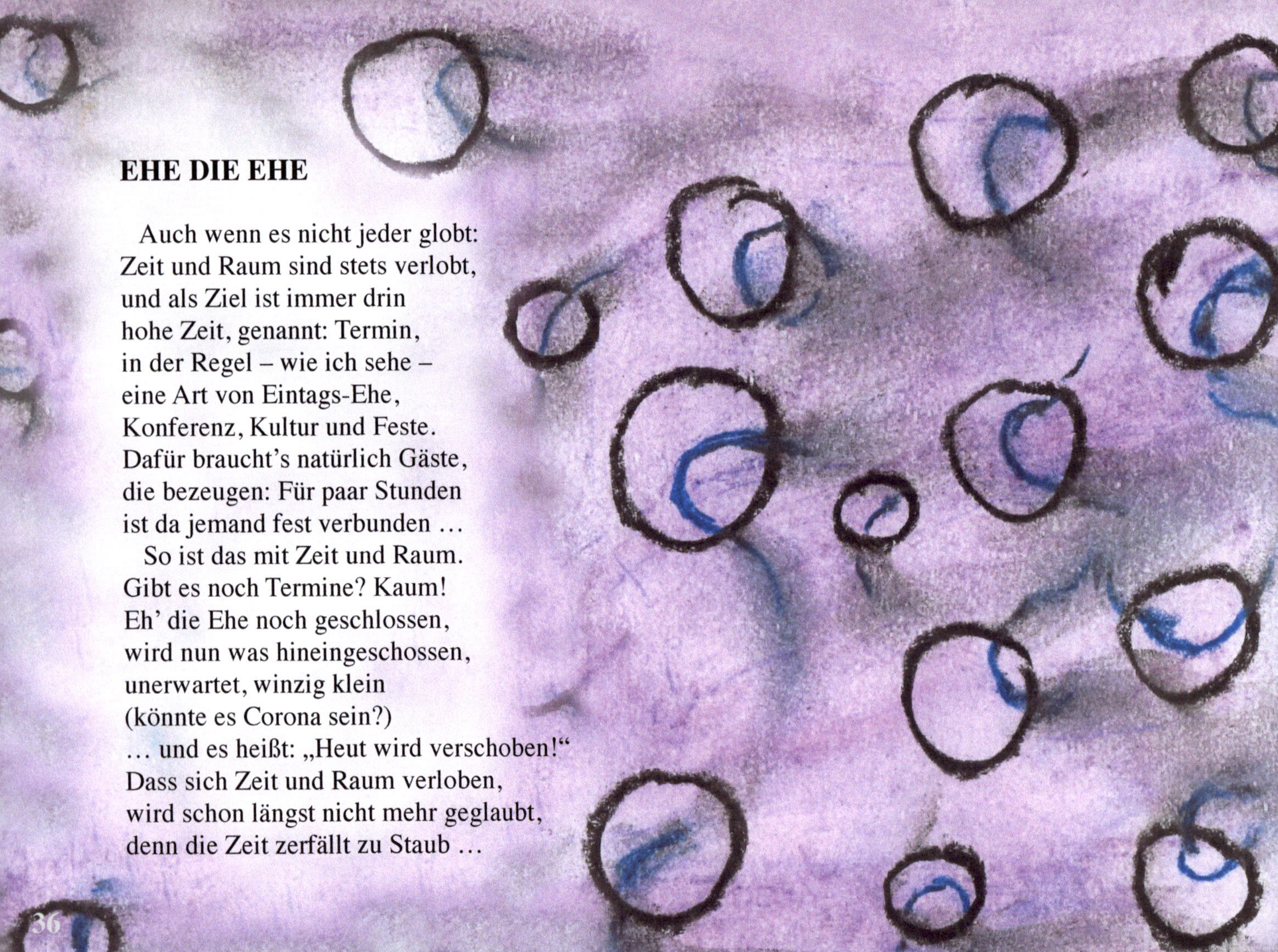

## EHE DIE EHE

Auch wenn es nicht jeder globt:
Zeit und Raum sind stets verlobt,
und als Ziel ist immer drin
hohe Zeit, genannt: Termin,
in der Regel – wie ich sehe –
eine Art von Eintags-Ehe,
Konferenz, Kultur und Feste.
Dafür braucht's natürlich Gäste,
die bezeugen: Für paar Stunden
ist da jemand fest verbunden …

So ist das mit Zeit und Raum.
Gibt es noch Termine? Kaum!
Eh' die Ehe noch geschlossen,
wird nun was hineingeschossen,
unerwartet, winzig klein
(könnte es Corona sein?)
… und es heißt: „Heut wird verschoben!"
Dass sich Zeit und Raum verloben,
wird schon längst nicht mehr geglaubt,
denn die Zeit zerfällt zu Staub …

## FREIHEIT UND LEERE

Hat dies schon jemand behandelt,
wie Freiheit in Leere sich wandelt?
Sachtes Schlendern von Fleck zu Fleck –
plötzlich sind Partner, Kind, Hündchen
weg,
und als erster Gedanke: „Na fein!
Bin ich mal endlich frei und allein."
… aber die Freiheit dauert nicht lange –
schon wirst Du hilflos, einsam und
bange …
Damit möchte ich überleiten
zu aktuellen Corona-Zeiten:
Keine Termine. Der Tag wird ein Teich,
flüssig, wabernd, schwappend und weich,
und viele denken: „Wie angenehm!
Endlich habe ich's richtig bequem."
Dann aber schleicht sich erschreckende
Leere
der Bequemlichkeit in die Quere,
wird zu einer erdrückenden Schwere.
Angesichts
des quellenden Nichts.
kann für immer versinken das "Wäre"

## IM WALD

Hoch im Baum – ein halber Schädel,
zahnbewaffnetes Gebein.
War's ein Junge? War's ein Mädel?
War's ein Reh, ein Hirsch, ein Schwein?
Wer hat das dort hingesteckt,
zu dem Zweck
sich hochgereckt
mit dem Knochen, diesem bleichen?
Ist der ein geheimes Zeichen?
Hat ein Mensch das Tier geschossen,
dessen Keulen dann genossen,
Kopf und Füße liegen lassen
für den Wolf zum Essenfassen?
Fragen, Fragen über Fragen,
die ich nun nach Hause trage –
ist der halbe Schädel Kult,
fleht um irgendjemands Huld,
um den Wald in nächsten Jahren
vor den Seuchen zu bewahren?

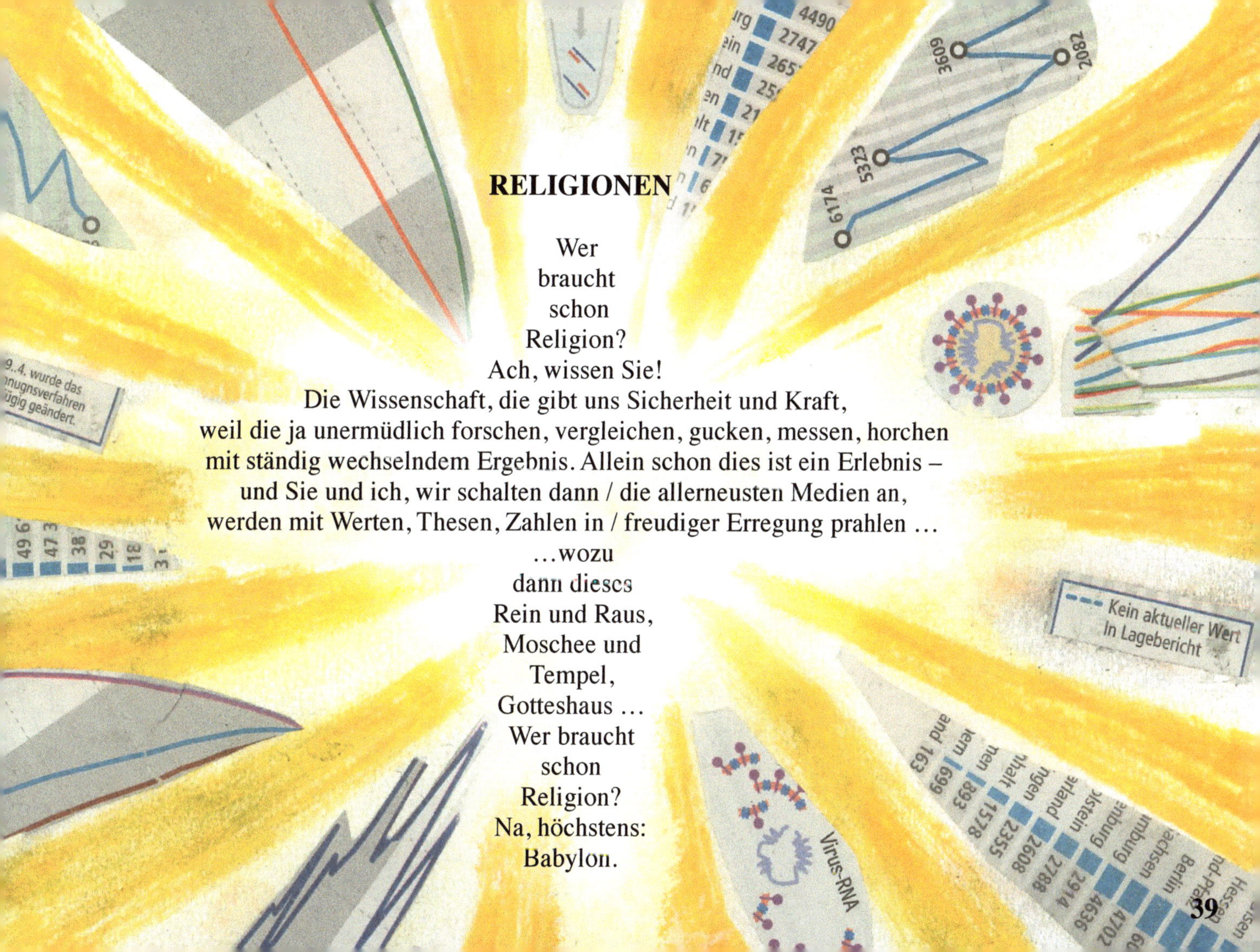

## RELIGIONEN

Wer
braucht
schon
Religion?
Ach, wissen Sie!
Die Wissenschaft, die gibt uns Sicherheit und Kraft,
weil die ja unermüdlich forschen, vergleichen, gucken, messen, horchen
mit ständig wechselndem Ergebnis. Allein schon dies ist ein Erlebnis –
und Sie und ich, wir schalten dann / die allerneusten Medien an,
werden mit Werten, Thesen, Zahlen in / freudiger Erregung prahlen …
…wozu
dann dieses
Rein und Raus,
Moschee und
Tempel,
Gotteshaus …
Wer braucht
schon
Religion?
Na, höchstens:
Babylon.

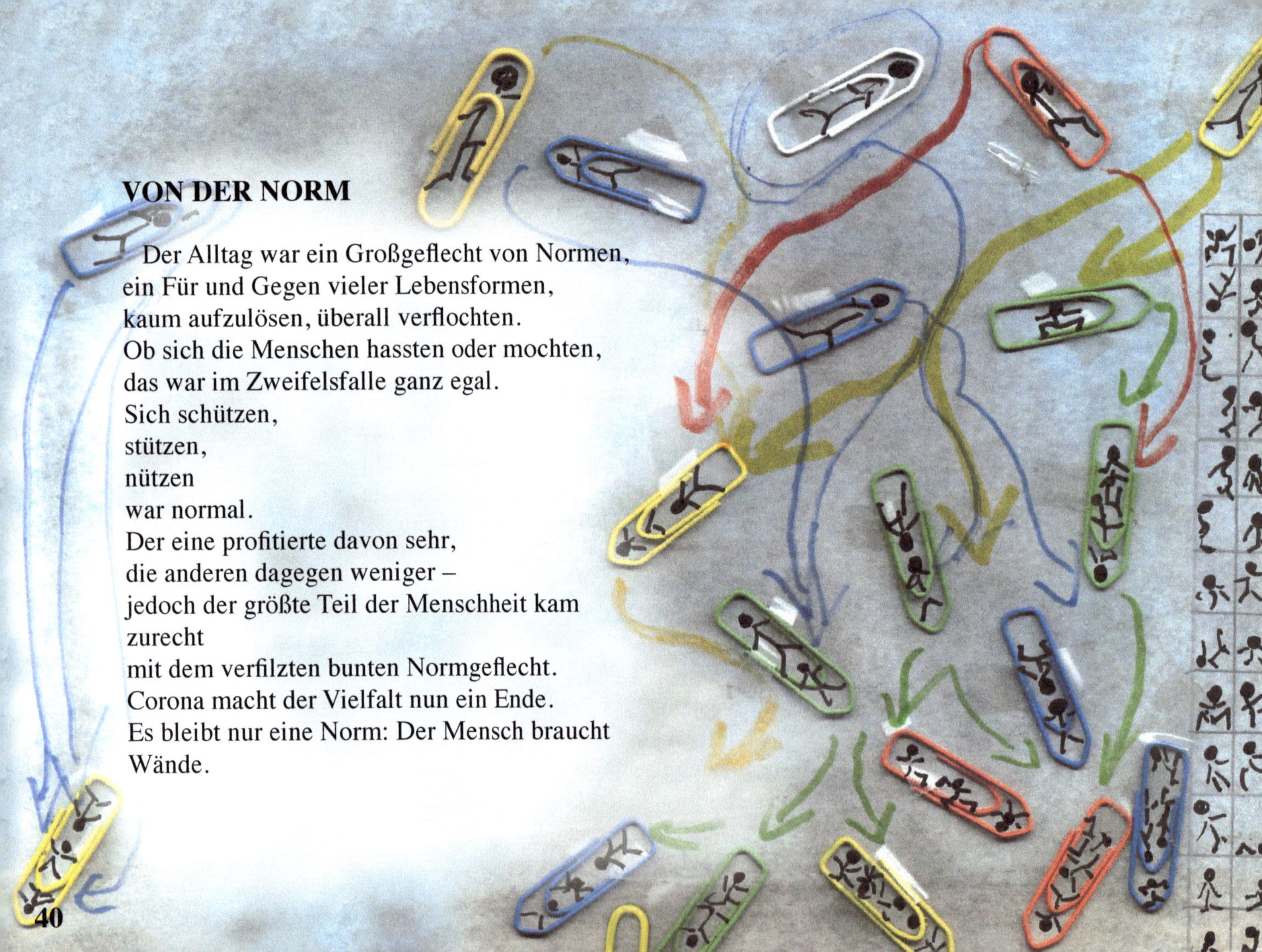

## VON DER NORM

Der Alltag war ein Großgeflecht von Normen,
ein Für und Gegen vieler Lebensformen,
kaum aufzulösen, überall verflochten.
Ob sich die Menschen hassten oder mochten,
das war im Zweifelsfalle ganz egal.
Sich schützen,
stützen,
nützen
war normal.
Der eine profitierte davon sehr,
die anderen dagegen weniger –
jedoch der größte Teil der Menschheit kam
zurecht
mit dem verfilzten bunten Normgeflecht.
Corona macht der Vielfalt nun ein Ende.
Es bleibt nur eine Norm: Der Mensch braucht
Wände.

## WAS VORERST BLEIBT

Nein – sie steigt nicht mehr auf die Waage!
Wiegen, diese peinliche Frage
jeden Morgen nach dem Gewicht,
die ist vorbei. Sie stellt sie sich nicht.
Welch ein Luxus, sie zu vergessen!
Schließlich bleibt ihr nur noch das Essen.
Seit vier Wochen ist sie allein,
kauft nur hin und wieder mal ein,
schnaubend im Nasen-Rachen-Schutz,
dass sie nicht sich und andre beschmutzt …
In diesen sachte zerlaufenden Zeiten
liebt sie am meisten die Süßigkeiten:
Torten, Kekse, edle Pralinen
warten und locken, wollen nach innen.
Sie beglücken schmelzend die Zunge,
und – sie schaden niemals der Lunge.

## SPUR DES SCHWUR

… ist viel zu hören
übers „Verschwören“.
Verschwörungen sitzen
in Fingerspitzen,
die ohne Rasten
Neues ertasten.
Sie bleiben verschworen
mit fernen Laboren.
Sie fliegen auf Straßen,
versinken in Tassen,
um so in Räumen, auf Flächen und Strecken
noch nicht Verschworene anzustecken,
schwanken um das Dafür und Dagegen,
sind sich einig: „… ist nur deswegen …“
Wenn jemand sagt: „Ich halt mich da raus“,
streckt die Verschwörung die Klauen aus.
Im Zweifelsfalle
verschwören sich alle
auf ihre Weise.
Mal laut und mal leise.

## VOR GESCHLAGEN

Warum nicht an Corona gewöhnen?
Gönnen wir uns, von Herzen zu stöhnen,
doch alles aufgeben – ist das denn klug?
Krankheiten haben wir mehr als genug.
Unendlich viele Chancen zu sterben
muss es für alle – und immer – geben.
Klären wir das Vererben und Erben,
wagen wir, mit Corona zu leben …

## DANK UND WUNSCH

An die Regierung: heißen Dank!
Sie hat gezeigt: „Hier geht es lang!“,
nämlich: zuhause bleiben
und sich niemals rumzutreiben.
So wussten alle, was zu tun.
Nun
gehen erste Lokale auf,
Läden locken mit Billigkauf,
dies treibt die eine, den anderen um:
„So viel gestattet. Aber warum?
Soll ich ab heute selber denken,
um meine Schritte richtig zu lenken?
Was ich ertaste auf der App,
ist viel zu vielfältig und zu knapp.
Besser war doch die klare Spur.
Wie wär’s mit einer Diktatur?

## IN BAHNEN

Arme, Beine, Schultern nackt –
Mund, Kinn, Nase sind verpackt,
nur umgeben von Frisur,
dann – darunter – die Figur:
mager, fett, gebückt, trainiert,
hin und wieder tätowiert,
und als ganz spezielle Note
zeigt sich jedes Menschen Mode.
Sie bezieht den Mundschutz ein
bis hinauf zum Nasenbein.
Immerhin, darüber blinkt –
mal umschminkt, mal ungeschminkt,
häufig hinter Brillenglas,
auch mal rot geschwollen, nass
über Tränensäcken, Falten
(so verraten sich die Alten)
oder nur als schmale Ritzen,
fast geschlossen, tief gesenkt,
auf ein kleines Ding gelenkt …
Seltener: Ein waches Blitzen
in den ganz speziellen Farben,
wie sie die Pupillen haben …
Augen bleiben Lebenslichter
für die Menschen-Rest-Gesichter.

## GELOCKERT

Nun reden sie vom Lockern.
Man gleitet von den Hockern,
den Sesseln, Stühlen –
wo gesessen
zum Glotzen, Spielen
und zum Essen,
Gemüse schnippeln, selber kochen,
wie lange war's? Na, viele Wochen!

Doch nun ist diese Zeit vorbei.
Nun werden wir ein bisschen frei,
nun können wir zum Essenfassen
uns gegen Geld bedienen lassen.

## VERSCHLIESSEN

Ich kann die Packung wieder verschließen,
lese ich, um dies sehr zu begrüßen,
denn was in der Packung auch sei –
Mehl, Nüsse, Körner –, bleibt dann wie neu.
Weil ich aufs Wiederverschließbare baue,
greif ich die Packung voller Vertrauen,
kann nicht verhindern, dass sie zerreißt
und das Verschlossene um sich schmeißt …

… eine Metapher in jedem Falle.
Wiederverschließbar sind wir doch alle!
Öffnen wir uns für das Schöne und Helle,
bis wir zerreißen an anderer Stelle.

## FRÜH-GENIES

… und
plötzlich niest der Hund.
Da haben sie gesagt, geschrieben:
„Kaniden sind verschont geblieben“,
doch unser Rudi niest so sehr,
noch mal, noch mal und immer mehr.
Ich höre das und bin verwirrt:
Wenn sich die Medienwelt nun irrt
und Hunde infizier’n sich doch?
Der Rudi, der niest immer noch.
Da schleicht sich der Gedanke ein:
Kann das nicht auch Corona sein?
Ich weiß genau: Die wahren Helden
würden dies unverzüglich melden.

Ich nicht. Dann lieber schon verrecken!
Ich krieche unter meine Decke …

## SCHON WIEDER: WACHSTUM

Wir haben seit Jahren nichts gesät,
nichts geschnitten oder gemäht.
Die Pflanzen wuchern vor sich hin,
die Gräser reichen bis zum Kinn,
Büsche überragen die Gauben,
an der Scheune drängen sich Trauben.
Dies wird ein Sommer, wie Du ihn lobst,
prall gefüllt mit Beeren und Obst.
Zweige, Äste hängen so schwer,
dass schon einige knacksen,
während die anderen erwachsen.
Etwas sorgt mich bei alledem sehr,
denn ich frage: Wer muss das pflücken
und verwerten, andere beglücken,
die sich gefälligst freuen sollen?

Und überhaupt – dieses Wachsenwollen!
Wenn nun Corona wächst wie die Kirschen,
wird es bis in Ewigkeit knirschen.

## VOM SCHADEN

Ich gebe zu – dann ist es erledigt:
Ich bin als Alte auch vorgeschädigt.
Ein langes Leben, wie es auch sei,
ist ja in keinem Fall krankheitsfrei,
und von den anderen Lebensschäden
will ich jetzt mal lieber nicht reden,
doch jede Schädigung birgt auch ein Stück –
größeres, kleineres Fitzelchen – Glück.
So brauch ich niemand zum Schuldabladen.
Eher danke ich für den Schaden.

## EIN VORTEIL

Vergiss das nicht:
Es gab mal eine Umarmungspflicht.
Zur Begrüßung in manchen Kreisen
war so Sympathie zu beweisen.
Eine Umarmung zu vermeiden,
ließ manche fragen: „Kannst du mich nicht
leiden?
Was ist dir peinlich an meiner Nähe …?“
Endlich ein Vorteil, den ich sehe
in dieser langen Corona-Zeit:
Sie hat uns aus der Umarmung befreit.

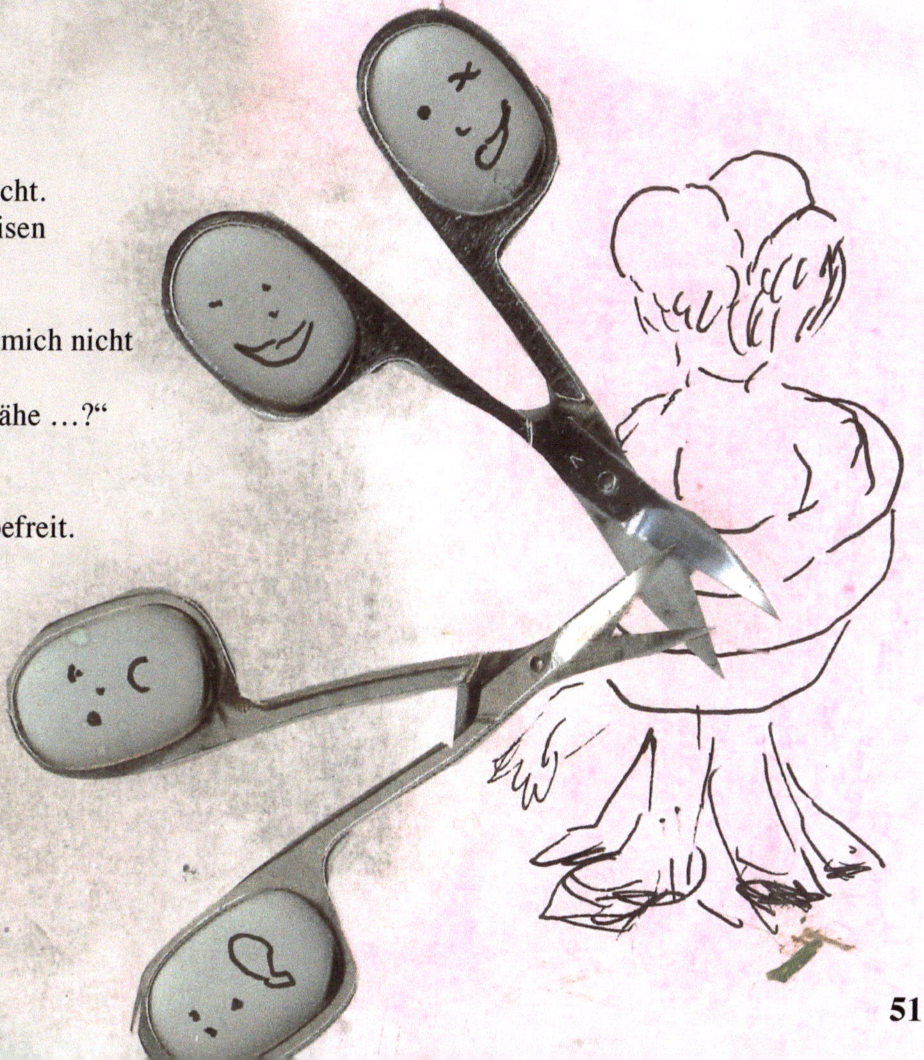

## ÜBER DEN WEG WEG

Entschleunigt auf dem Fahrrad rasen,
um das Gesicht ein kühles Blasen
mit Lindenblütenhauch im Wind.
Gut, dass da keine Viren sind!
So bin ich übrigens seit Jahren
auf meinem Rad nicht mehr gefahren.
Gefahren gibt es ohnehin,
seit ich nicht mehr ich selber bin.
Es regen sich die Knie –
so schnell war ich noch nie.
Ich habe mir fest vorgenommen,
in Zukunft nirgends anzukommen.

## KLAMMERN

An der Leine hängen Socken.
Nachbar: „So machst du die trocken?
Könntest meine Oma sein.
Tu sie in den Trockner rein!“

Überflüssig auch die spitzen
Klammern, die an Zetteln sitzen,
krumm gebogen aus Metall.
Heut geht alles digital.

Auch das Klammern zwischen Leuten
ist ja längst verboten heute,
denn in jede Menschenmenge
könnte sich Corona drängen.

Liebster! Lassen wir das Jammern.
Komm, wir wollen weiter (K)klammern!

# NACH DER NACHT

Habe die Nacht
mit ’ner Mücke verbracht.
Hörte das verdächtige Sirren,
spürte immer wieder das Schwirren,
und ich merkte: Sie hat sich jetzt
mitten auf meine Wange gesetzt,
tastete mit dem Rüssel …
bin ihre Fortpflanzungsschüssel.
Sie braucht für ihre Eier mein Blut.
Stich – doch ich erschlage sie. Gut!
Habe wieder mal etwas erreicht –
geht mit Corona niemals so leicht.

Seit ich nun ihren Nachruf schrieb,
weiß ich: Ich hatte die Mücke lieb.

## HYGIENE

Ach Corona! Ich seh’s ja ein:
Alles sollte hygienisch sein.
Jemand wie mich
braucht die Welt nich,
und viele Saubere, ohne Frage,
würden mich am liebsten erschlagen.
… kommt nur ein Hindernis in die Quere,
weil es danach ja so schmutzig wäre …

## ZEIT UND HIRN

Corona-Zeit. Die Tage werden öder.
Das Hirn verklebt und fühlt sich langsam blöder,
es möchte, dass nun endlich was passiert,
derweil das Virus durch die Gegend schwirrt.
Was bleibt, ist: alle Tage shoppen
und ab und zu ne Nachbarin mobben.

Shirkana  Makulow
Kwiota  Schmidt
Lomitzki  Erdranka
Lilje  Dogela
Schwarz  Müller

**VOM KLAPPEN**

Mein Ohr,
das dieses Bändchen hält,
klappt vor,
so dass der Mundschutz fällt.
Ich hatte ihn doch festgeklemmt,
damit den Absturz etwas hemmt!
Wie machen das die andern Leute?
Ich sehe nie was rutschen heute
und schreibe neidisch im Gedicht:
Die fremden Ohren klappen nicht.

## MAULKÖRBE

Ich war den Maulkorb gewöhnt,
unsichtbar hat er getönt –
etwa: „So etwas sagt man nicht!“
Etwa: „Da gibt es ’ne Schweigepflicht!“
Nun haben sie Gestalt angenommen,
sind über Münder und Nasen gekommen,
haben
verschiedene Farben –
etwa: in Weiß und im Partnerlook,
oder sie sind mit Blumen bedruckt …
Viele verraten weit und breit
Teile der Menschenpersönlichkeit.
Doch es fragt sich: wie lange?
Ach, ich bin da nicht bange:
Irgendwann kommen sie in den Müll,
und danach – egal, ob ich’s will –
muss ich weiterhin schreiben:
Maulkörbe werden bleiben …

## REIN(er)

Da werden sich viele einig sein:
Corona macht rein.
Gerade in unseren Kreisen
lässt sich das locker beweisen.
Nehmen wir – etwa – die neue Luft:
Linden-Holunder-Rosen-Duft,
wo in vergangenen Jahren
Gestank und Benzinschwaden waren.
Meisengezwitscher und Taubenrufe
steigern hörbar die Reinheitsstufe,
und im „Stay Home" haben wir uns geregt,
Gärten, Gebäude, Wohnung gepflegt,
bis in die Winkel gereinigt,
dann – gegen Abend, entschleunigt –
sitzen wir vor dem Bildschirm voll Grimm:
„Das mit Corona ist wirklich schlimm!"

## EINUNDZWANZIG

Das Zauberwort „im nächsten Jahr“
verrät: Das wird ganz wunderbar!
Der Globus ist dann weit und breit
von der Corona-Qual befreit,
es wird möglich, aufzutreten
und live die Künstler anzubeten …
Die Stille bleibt, die Luft bleibt rein,
das darf doch gar nicht anders sein!
… Ab einundzwanzig bringt die Zeit
der Welt viel mehr Gerechtigkeit.
Die Klüfte zwischen Arm und Reich
verkleinern langsam – wenn nicht gleich.
Im Übrigen und überhaupt
wird vieles besser – na, wer's glaubt!

…und die, diese Zeilen schreibt,
die fragt sich, wo Corona bleibt.
Gibt es dann wirklich Stoff zum impfen?
Du glaubst es nicht? Lass dich beschimpfen.

## BEFÜRCHTUNGEN

Ich gebe zu:
Ich habe kein Corona – auch nicht Du.
Doch wenn Du nun Gelassenheit verlangst:
Ich habe Angst
und denke mir: Es ist vielleicht am besten,
ich lasse mich auf Covid-19 testen.
Danach erreicht mich eine Art von Brief:
„Es tut uns leid, doch Sie sind positiv."
Damit beginnen ungeahnte Leiden:
Ich merke, wie mich viele Menschen meiden,
und begebe mich in Quarantäne
mit vielen anderen, die sich angesteckt.
Dort werden wir zum Pflegefallobjekt.
Es ist sogar verboten, dass ich gähne.

Nein – ich will lieber irgendwo verrecken,
als mich mit diesem Virus anzustecken,
denn eines möchte ich auf keinen Fall:
'ne Nummer werden der Statistik-Zahl.

## WEG ZU MIR

Als die Corona-Zeit begann,
sprang mich ein Gedanke an:
„Zum Gärtnern ist es nie zu spät,
ich mache uns ein Erdbeerbeet.“
Ich brauchte nicht einmal Finanzen,
besorgte einen Eimer Pflanzen,
grub sie – wie kann es anders sein –
in einem Sonnenflecken ein
und pflegte sie, wie mir befohlen:
schön düngen, jäten, Wasser holen!
Das war bereits vor vielen Wochen.
Jetzt hab ich alles abgebrochen.
Die Hoffnungsphase ist vorbei,
die Pflanzen bleiben erdbeerfrei.
So hat Corona mir bewiesen:
Auch du hast Grenzen. Steh zu diesen!
… und ich weiß nun, was ich nicht bin:
Gärtnerin.

## SCHÜCHTERNE FRAGE

Ob ich es wage, darüber zu schreiben?
Wir sind die Leute, die übrig bleiben,
zwischen den vielen herausgehoben,
für diese vielen „die da oben“.
Wir – welche Viren schwerer erreichen,
die sich miteinander vergleichen,
Menschenunterschiede verleugnen,
um sie sich gleichzeitig anzueignen …
Unübersehbares wird in Eile
abgewertet als „Vorurteile“.
Ich will die Unterschiede sehen
und mit ihnen zusammen vergehen.

## WELTEN-PERSPEKTIVE

… und sollte noch so viel vergehn:
Die Erde wird sich weiter drehn,
mit Sicherheit: um vieles wärmer,
vielleicht an Unterschieden ärmer,
denn einiges wird ja verderben
und – wie wir alle – einfach sterben.
Viel Menschenwerk zerfällt in Trümmern,
kaum jemand wird sich darum kümmern,
doch sehr viel anderes entsteht,
derweil die Welt sich weiterdreht.
Es wird vielleicht noch Menschen geben,
die anders als wir alle leben,
weil sie ja überleben müssen.
Doch wie? Wer kann das jetzt schon wissen!
Nur eines weiß ich, das ist schön:
Die Erde wird nicht untergehn.
Seit ihrem Anfang – auf jeden Fall –
dreht sie sich mit der Korona im All.